আমার প্রিয় ফ্র্যাক্টালগুলি

ভলিউম ২

ডেভিড ই. ম্যাকঅ্যাডামস দ্বারা

এই বইয়ের ছবিগুলি Fractal Forge ব্যবহার করে তৈরি করা হয়েছে। Fractal Forge ডাউনলোড করা যেতে পারে https://sourceforge.net/projects/fractalforge/ থেকে।

ডেভিড ই. ম্যাকঅ্যাডামস-এর অন্যান্য বই

সংখ্যার পরিচিতি

আন্নার ঋতুগুলি – এক ঋতু ও এক সংখ্যা করে পৃথিবীকে অন্বেষণ করো!

এলিয়েন নাম্বার বই, ড্রাগন নাম্বার বই, এলভিশ নাম্বার বই – মৌলিক সংখ্যার ভ্রমণ— আনন্দময় ও শিক্ষামূলক—চমৎকার সব ছবিতে প্রাণ পেয়েছে।

কার্যক্রমের বই

গোলকধাঁধার বাহার! - ধাঁধাঁপ্রেমীদের বিনোদন, চ্যালেঞ্জ, আর আনন্দ দেওয়ার জন্য ২৪১টি গোলকধাঁধার শ্বাসরুদ্ধকর সংগ্রহ।

রঙের পরিচিতি

তোতাপাখির রং, ফুলের রং, মানুষের রঙ, রাজকীয় রং – মহাবিশ্বের উজ্জ্বল বর্ণচ্ছটায় এক মনোমুগ্ধকর যাত্রায় বেরিয়ে পড়ো।

জ্যামিতি

আমার প্রিয় ফ্র্যাক্টালগুলি – গণিতের সৌন্দর্যের এক দৃশ্য-উৎসব।

গণিতের তত্ত্ব

সংখ্যা – সংখ্যা বলে দেয় কতটি, কতটা লম্বা, আর কতটা দূর—পৃথিবীকে বুঝতে আমাদের

সাহায্য করে।

যা কিছু থেকে বড়? (অসীম) – কল্পনাকে টেনে নিয়ে যাও একেবারে অসীম পর্যন্ত!

পাটিগণিত

ওয়ান পেনি, টু – "এটা এক জাদুর বাক্স। তুমি যদি বাক্সে একটি পেনি রাখো এবং একটাও না বের করো, তবে প্রতিদিন তা দ্বিগুণ হবে।" জেরি কি সবুজ রূপান্তরযোগ্য স্পোর্টস কারের জন্য যথেষ্ট সঞ্চয় করতে পারবে?

প্রেরণাদায়ক বই

যদি আমার একটি দৈত্য থাকত – দৈত্যরা হলো সেই মানুষদের প্রতীক, যারা শিশুদের ভালোবাসে ও তাদের সঙ্গে মিশে থাকে—পরিবারের জীবন শেখায়।

জিনিয়াসের মতো ভাবো! – ইতিহাসের উজ্জ্বল বিজ্ঞানীদের সঙ্গে পরিচিত হও—তাঁরা কী আবিষ্কার করেছিলেন শুধু তা নয়, তাঁরা কীভাবে ভাবতেন সেটাও জানো।

বিজ্ঞান

সময়টা একেবারে অদ্ভুত! – সময়-ভ্রমণ থেকে শুরু করে টিকটিক করা পরমাণু পর্যন্ত—এই মজার বই দেখায়, সময় মহাবিশ্বের সবচেয়ে অদ্ভুত বিস্ময়গুলোর একটি।

সর্বশেষ বইয়ের তালিকার জন্য ভিজিট করুন https:// lifeisastoryproblem.tripod.com/aauthor/bengali.html।

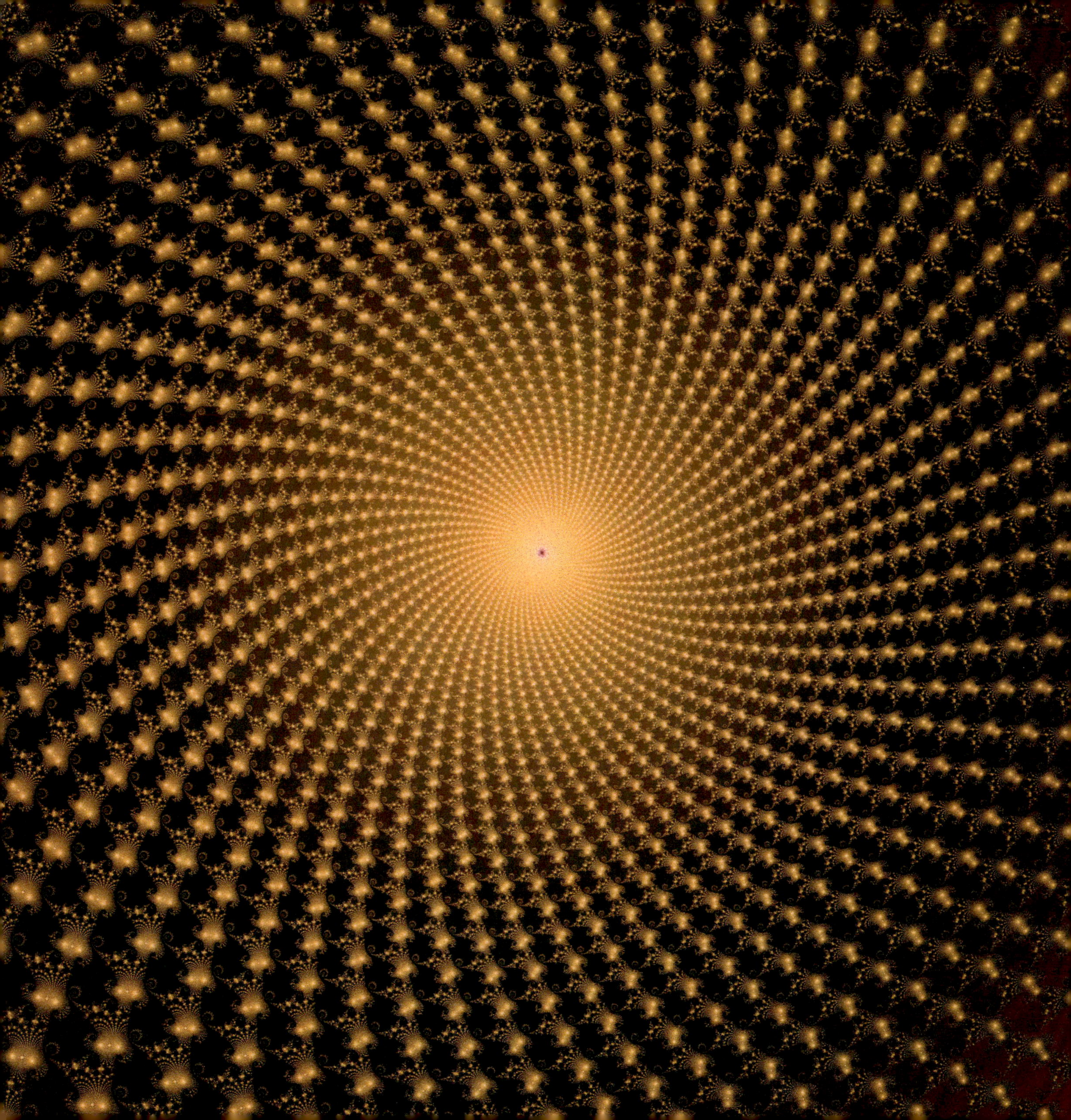

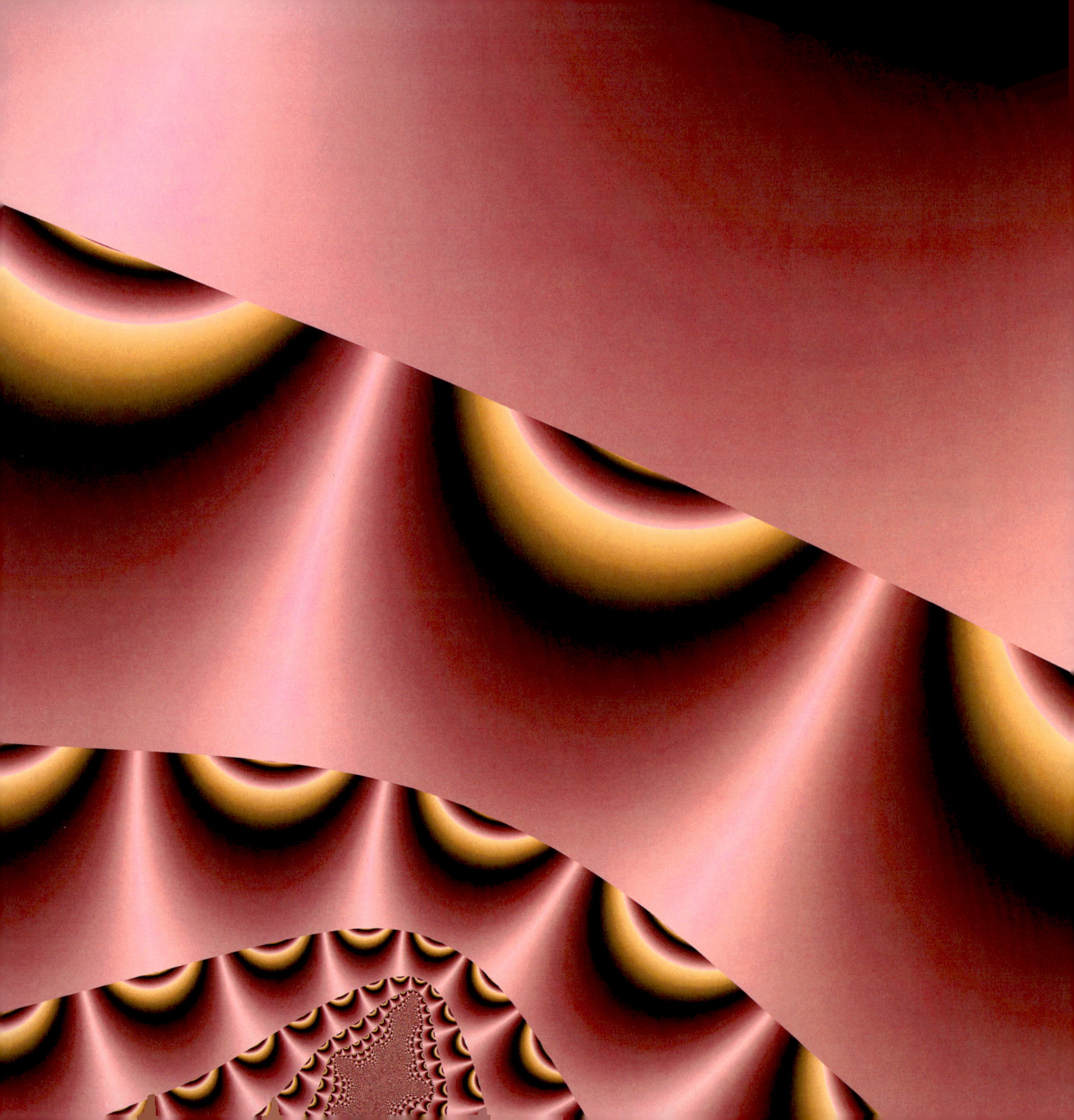

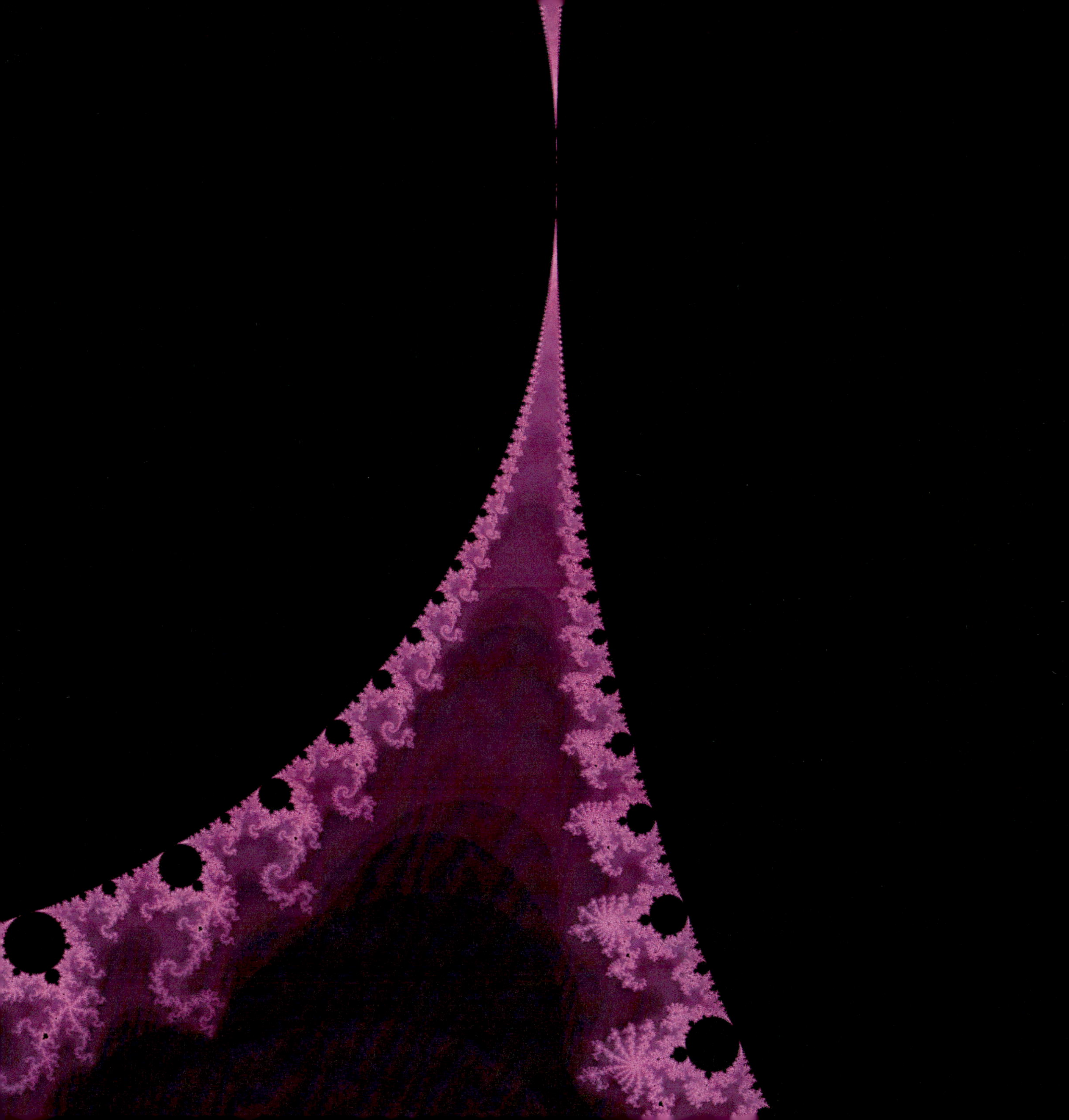

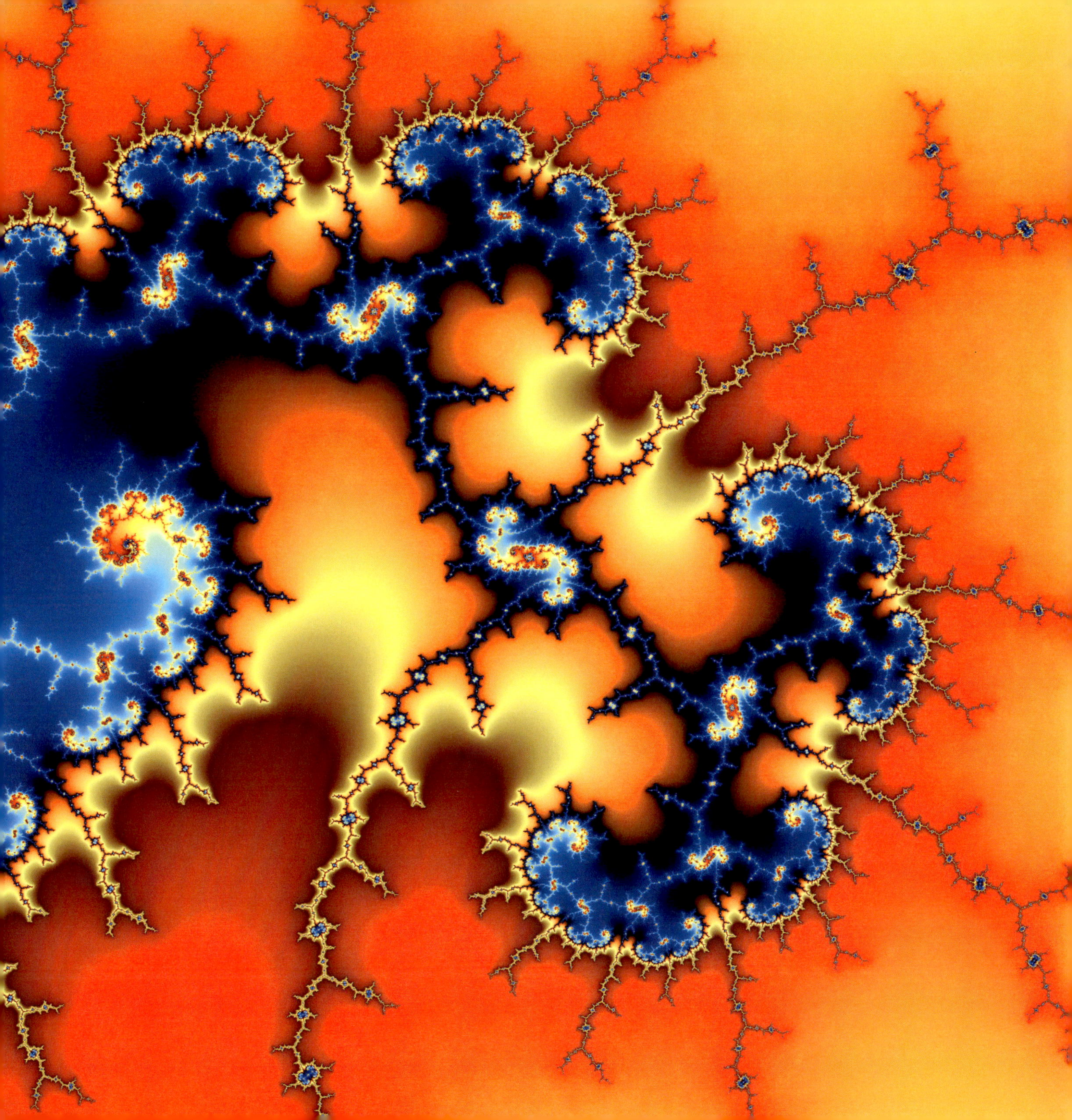

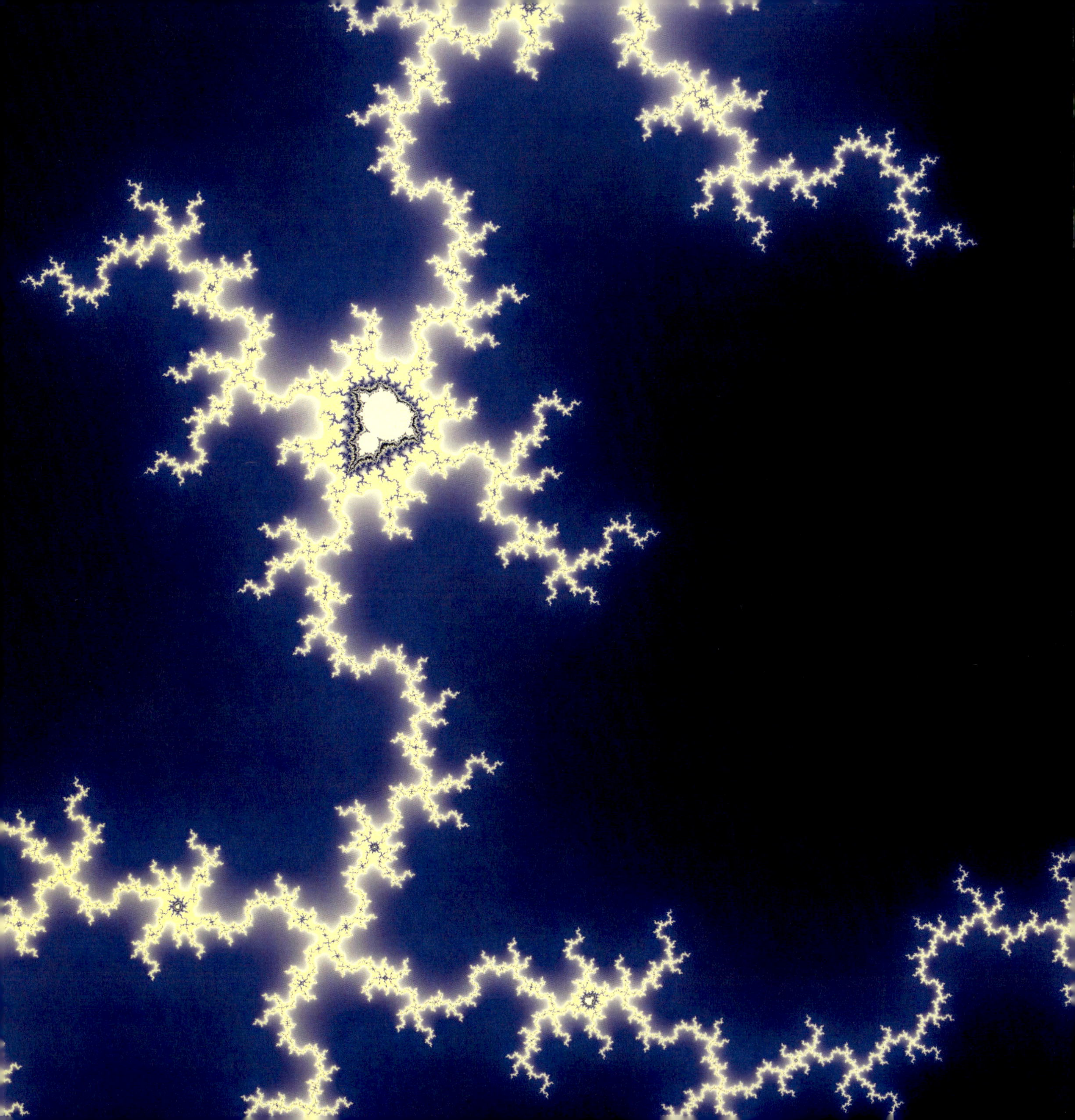

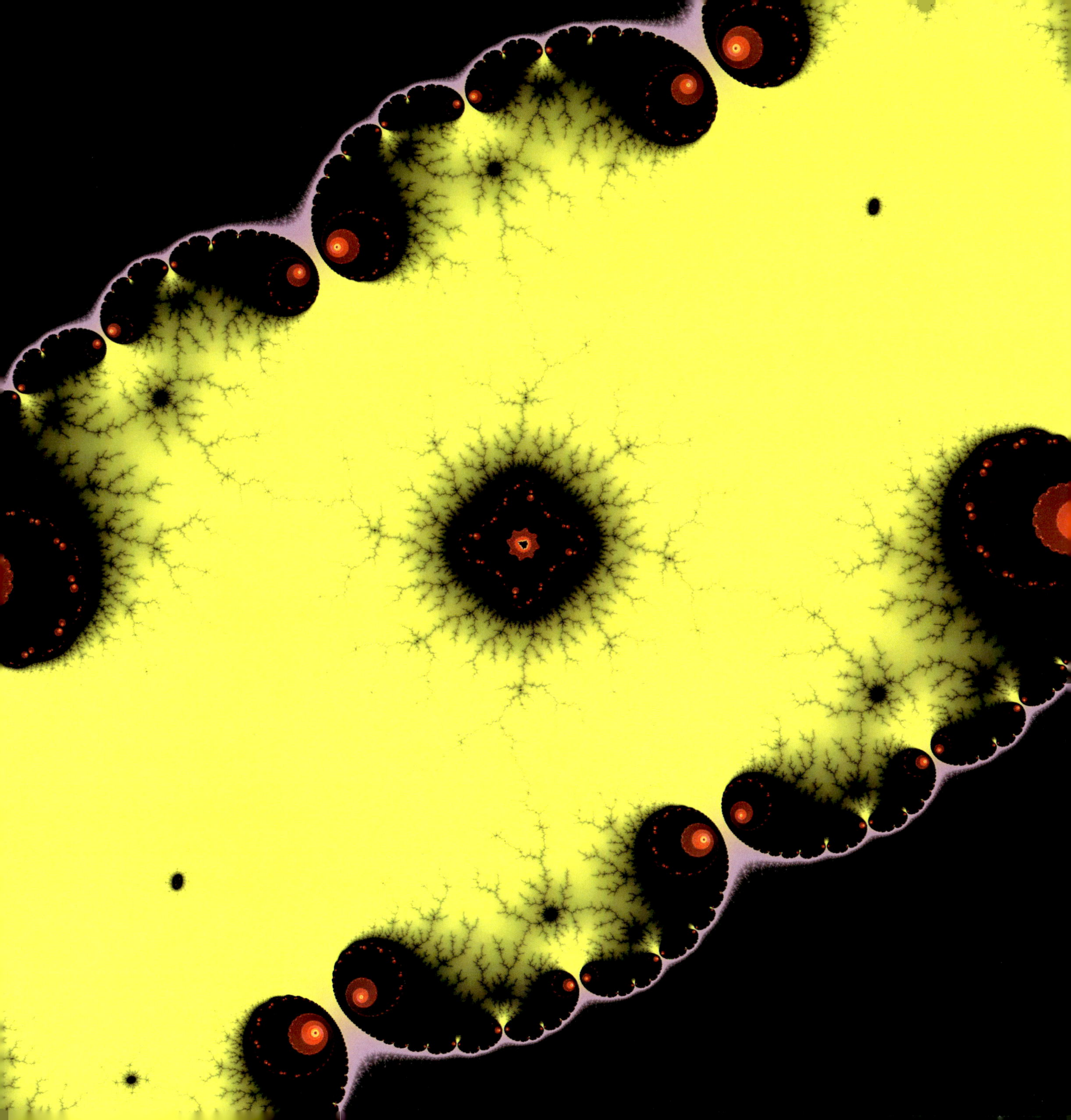

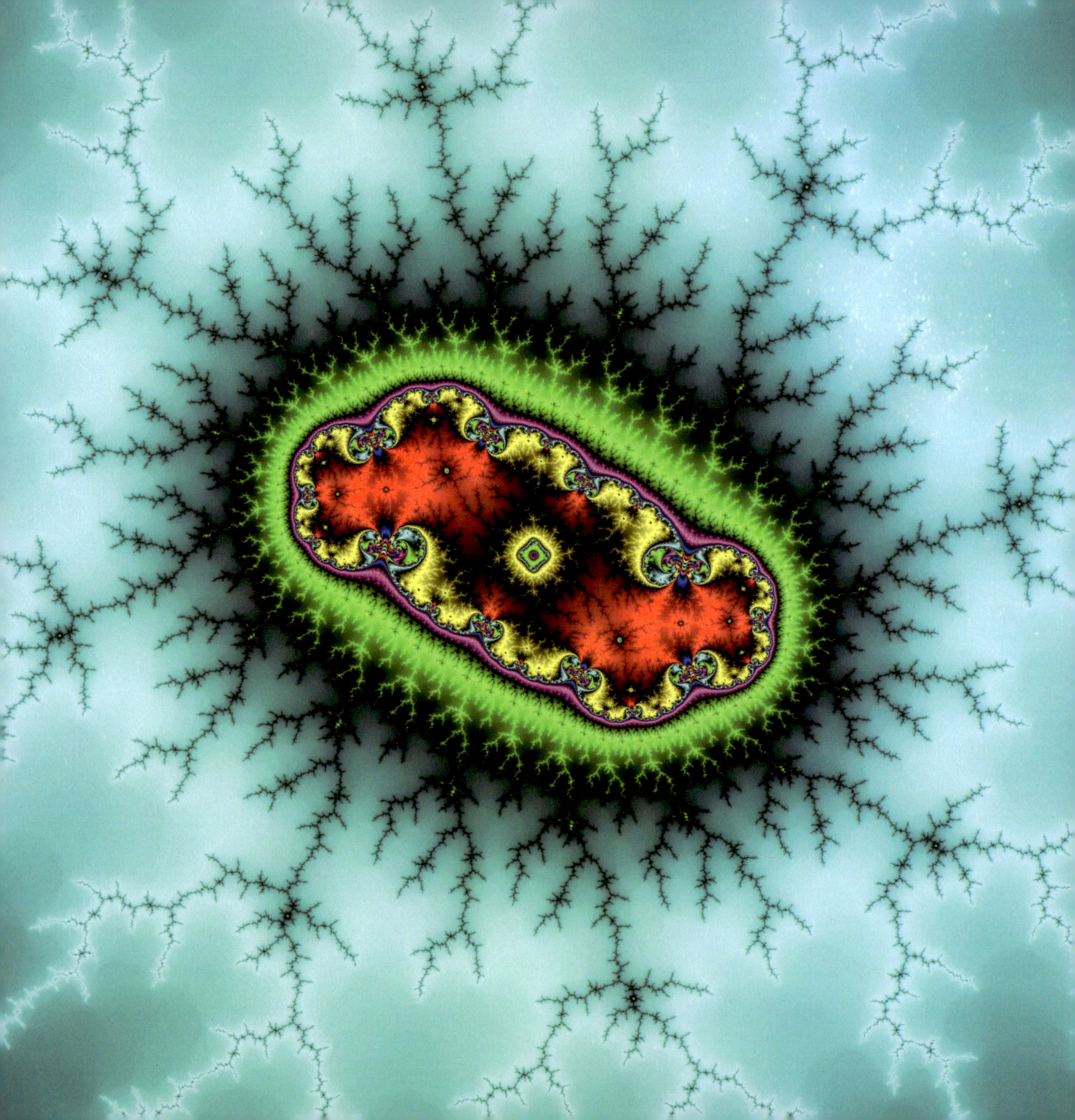

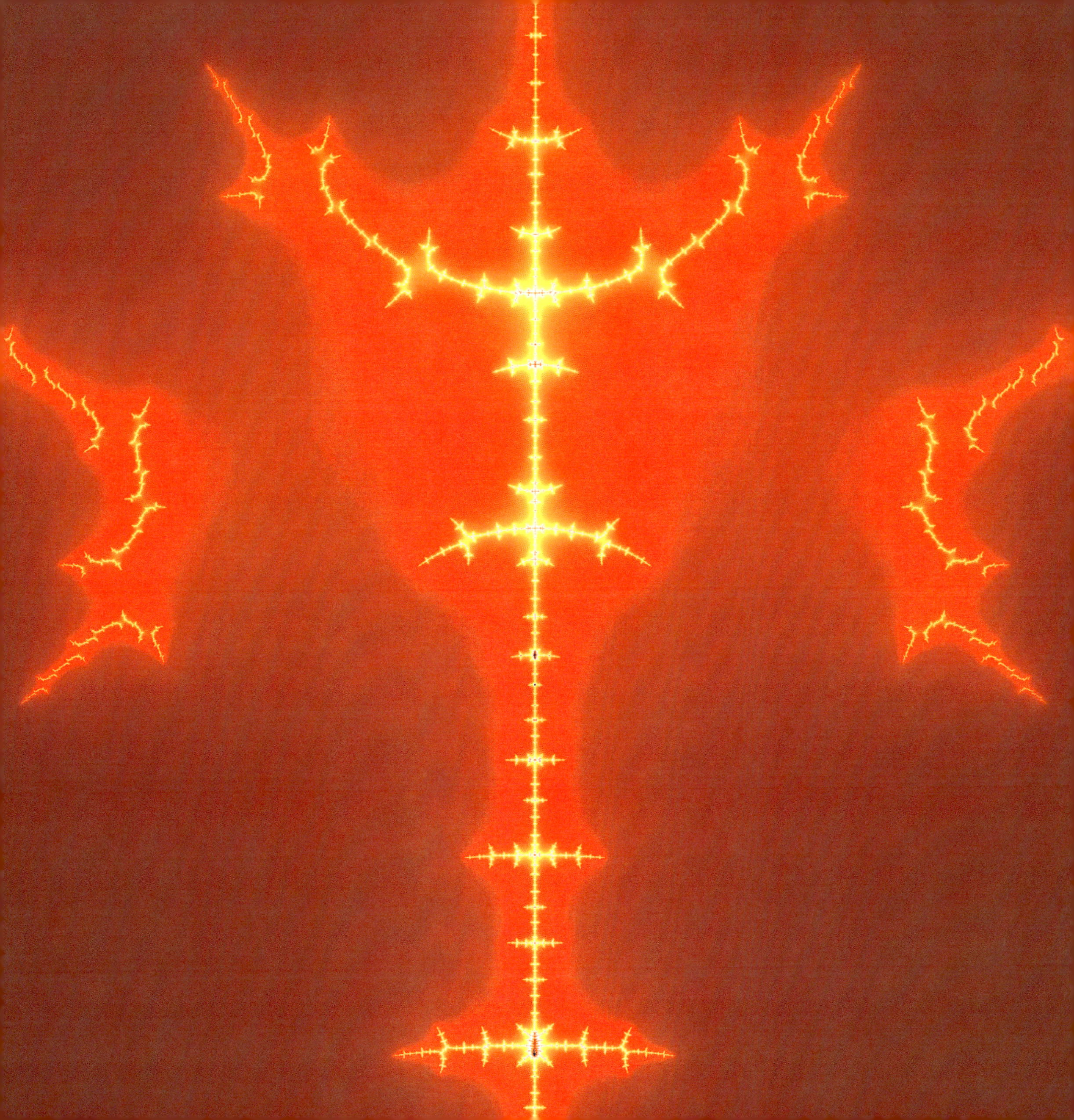

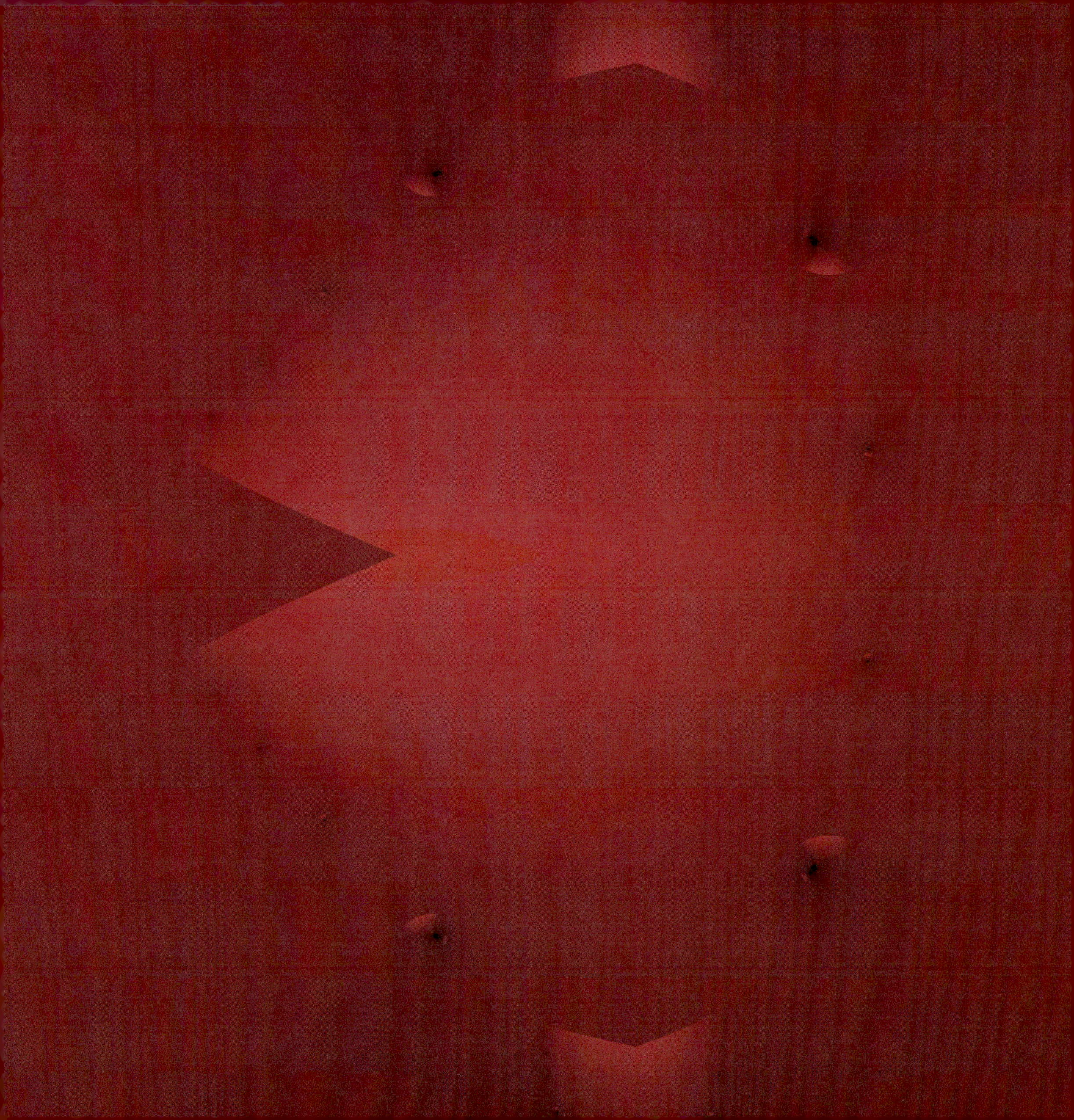

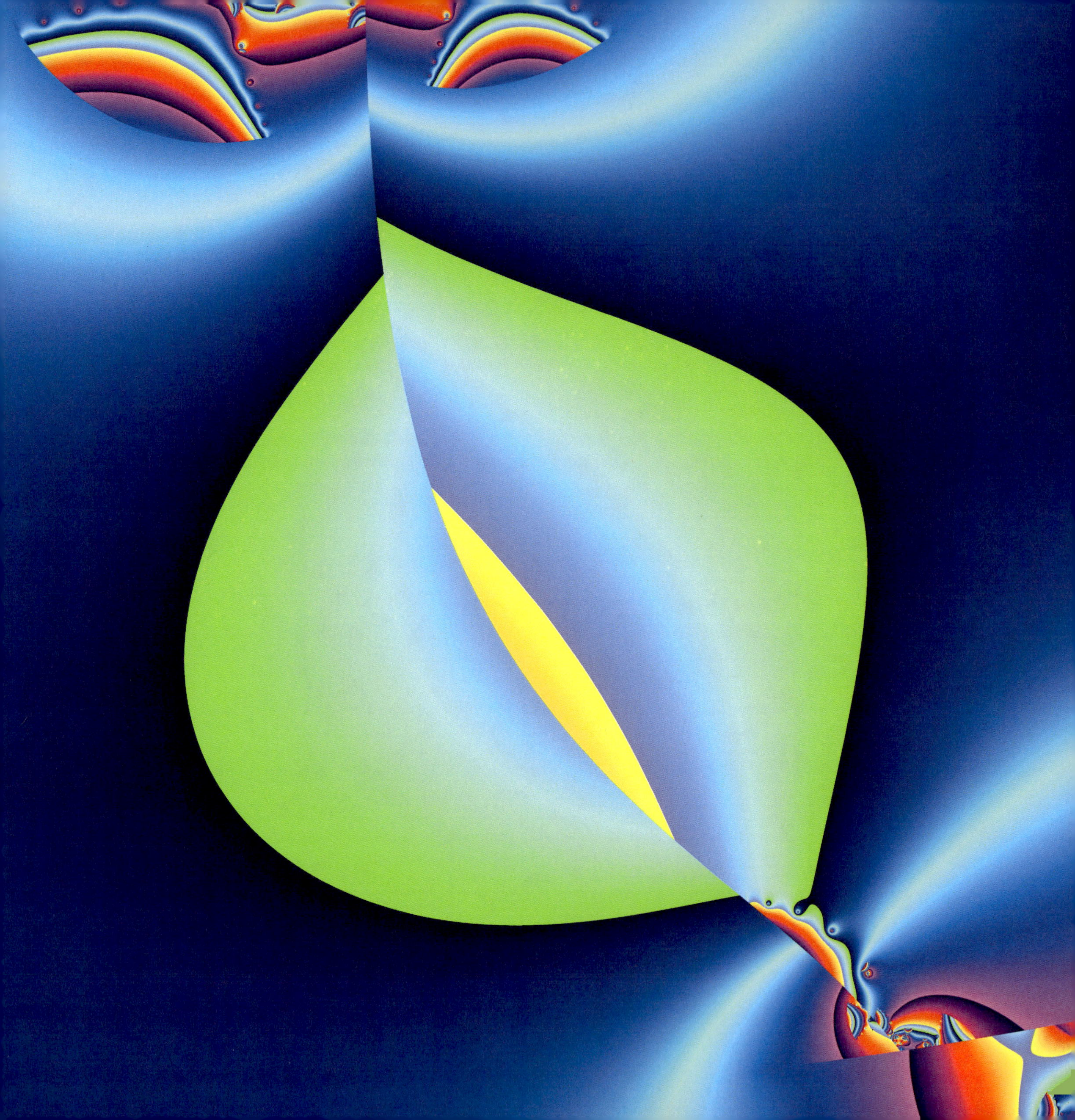

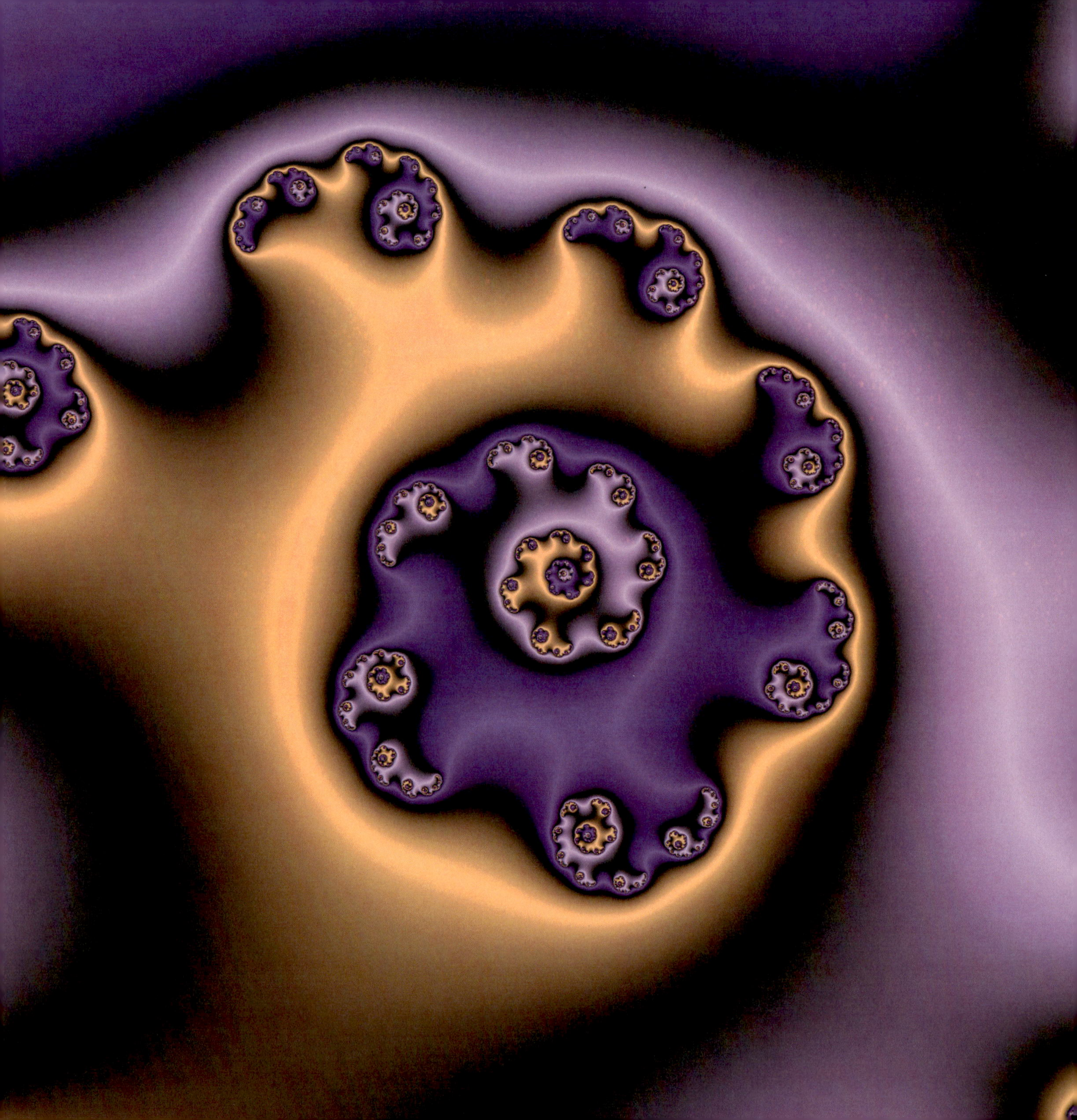

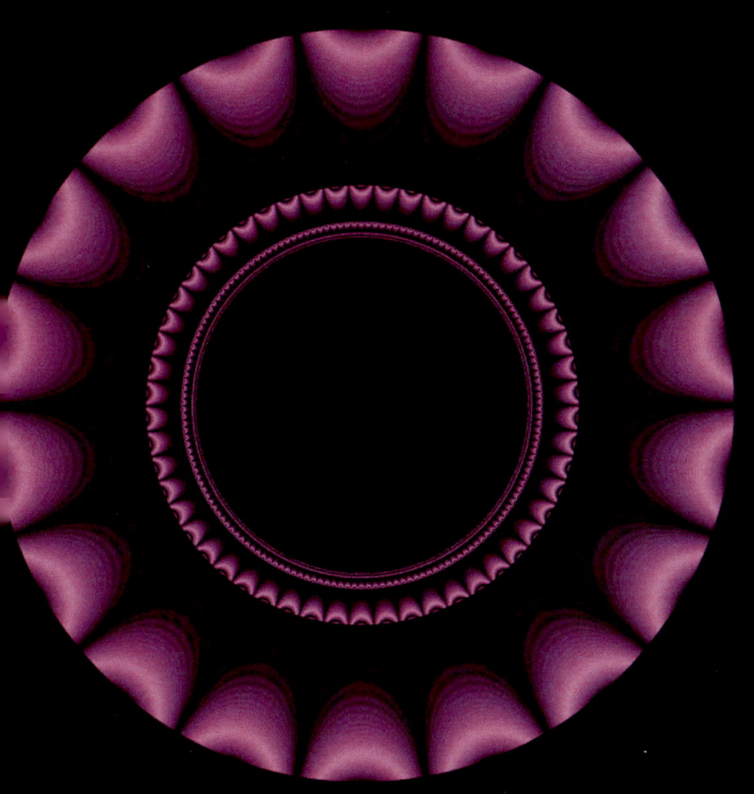

www.ingramcontent.com/pod-product-compliance
Lightning Source LLC
LaVergne TN
LVRC081951220826
846093LV00005B/29

* 9 7 8 1 6 3 2 7 0 8 7 0 0 *